그대의 며느리가 부처님이시니

실지불공 · 實地佛供

바람과 나무들 씀

시찰단 일행이 와서 인사하고 여쭙기를
「귀교의 부처님은 어디에 봉안하였나이까.」
대종사 말씀하시기를
「우리집 부처님은 방금 밖에 나가 있으니 보시려거든 잠간 기다리라.」
일행이 말씀의 뜻을 알지 못하여 의아하게 여기더니,
조금 후 점심 때가 되매 산업부원 일동이 농구를 메고 들에서 돌아오거늘
대종사 그들을 가리키시며 말씀하시기를
「저들이 다 우리 집 부처니라.」

그대의 며느리가 부처님이시니

실지불공 · 實地佛供

바람과 나무들 씀

원불교출판사

〈둥근 문고리〉를 시작하며

위대한 가르침이
91년 전 이 땅에서
펼쳐지기 시작했습니다.
이 가르침은 원불교의 교조이신
소태산 박중빈 대종사님의
깨달음으로 비롯했습니다.

그리고 지금
수많은 사람들이 이 가르침으로 인해
새로운 삶을 얻고 있습니다.
행복하고 은혜로운, 살 맛 나는 세상을 다시 살고 있습니다.

하지만 아직도
수많은 사람들이 이 가르침을 만나지 못하고 있습니다.
이 안타까움이 이 작은 책들의 모체입니다.

옛날 대종사님은 땅에 일원상(○, 一圓相)을 그려 보이시며
제자들에게 말씀해주셨습니다.
'이것이 곧 우주의 본가이니 이 가운데에는 무궁한 묘리와
무궁한 보물과 무궁한 조화가 하나도 빠짐없이 갖추어 있나니라.'

이 조그만 책들이 '우주의 본가' 로 들어가는 **문고리**가 될 수 있기를 간절히 기원합니다.

원기 91년 6월 1일

바람과 나무들 합장.

windntrees@hanmail.net

대종사 봉래 정사(蓬萊精舍)에 계실 때에
하루는 어떤 노인 부부가 지나가다 말하기를,
자기들의 자부(子婦)가 성질이 불순하여 불효가 막심하므로
실상사(實相寺) 부처님께 불공이나 올려 볼까 하고
가는 중이라고 하는지라,
대종사 들으시고 말씀하시기를
「그대들이 어찌 등상불에게는 불공할 줄을 알면서
산 부처에게는 불공할 줄을 모르는가.」
그 부부 여쭙기를 「산 부처가 어디 계시나이까.」
대종사 말씀하시기를
「그대들의 집에 있는 자부가 곧 산 부처이니,
그대들에게 효도하고 불효할 직접 권능이
그 사람에게 있는 연고라,
거기에 먼저 공을 드려 봄이 어떠하겠는가.」
그들이 다시 여쭙기를 「어떻게 공을 드리오리까.」
대종사 말씀하시기를
「그대들이 불공할 비용으로
자부의 뜻에 맞을 물건도 사다 주며

자부를 오직 부처님 공경하듯 위해 주어 보라.
그러하면, 그대들의 정성을 따라 불공한 효과가
나타나리라.」
그들이 집에 돌아가 그대로 하였더니,
과연 몇 달 안에 효부가 되는지라
그들이 다시 와서 무수히 감사를 올리거늘,
대종사 옆에 있는 제자들에게 말씀하시기를
「이것이 곧 죄복을 직접 당처에 비는
실지불공(實地佛供)이니라.」

– 대종경 교의품 15장

[불공(佛供)이란]

불공(佛供),

존귀하신 부처님께 내 소중한 것을 바치는 행위입니다.

석가모니 부처님 당시에

음식을 바치고 재물을 바친 것도 불공이고

열반에 드신 후 불상 앞에 향이나 초를

쌀이나 헌공금을 바쳤던 것도 불공입니다.

사람들은 오래 전부터 현재까지

자신의 신앙의 대상에 대해

소중한 것을 바치는 행위를 반복해왔습니다.

그런데

소중한 것을 나 혼자 누리지 않고

부처님에게 드리는 이유는 무엇인가요?

향 하나, 초 한 자루부터

억만금에 이르기까지

또는 자신의 생명마저도

왜 부처님께 바치는 것일까요?

나는 무엇을 신앙을 하는가?

나는 왜 신앙을 하는가?

[불공으로 얻는 것]

혹시

무엇을 얻고자 함은 아닐까요?

가만히 생각해봅니다.

그저 아무 마음도 없이, 아무 생각도 없이 올리는

불공도 있겠지만

내 마음 속 깊이 들여다보면

분명 바라는 것이 있습니다.

무언가를 바라는 마음이 있습니다.

그러면

바란다는 것은 나쁜 건가요?

그렇지 않습니다.

내가 원하는 것을 바라는 것은 자연스러운 일입니다.

목마른 나그네가 물을 찾듯이

고통에 시달리는 사람이 고통으로부터 자유를 얻고자 하고

불행 속에 있는 사람이 행복을 바라는 것은

자연스러운 일입니다.

누군가에게 바라고 구할 수 있다는 것은

다행한 일입니다.

[부처님 능력은]

그런데 그 부처님은 어떤 능력을 갖고 계신가요?
나무나, 돌이나, 쇠로 만든 부처님,
금 도금을 해서 빚어놓은 석가모니 형상의 부처님.
이 부처님에게 소원을 빕니다.
아기를 낳게 해달하고,
사업에 성공하게 해달라고,
시험에 붙게 해달라고,
내 가정에 행복을 달라고,
내 가족에게 건강을 달라고…

과연
나무나 돌, 쇠로 만든 부처님께서
이 소원들을 들어주실까요?

[불상은 부처님이 아니다]

사실 나무나 돌, 쇠로 만들어진 부처님(佛像)은
우리에게 아무것도 주지 않습니다.

말도 못하고, 움직이지도 못하는 불상은
우리에게 아무것도 주지 못합니다.

너무나 당연한 이 사실을 말하는 것이
부처님에 대한 불경(不敬)인 것 같습니다.

하지만 부처님이야말로 정견(正見)을 강조하셨습니다.
아닌 것은 아니고
그런 것은 그런 것입니다.

불상 부처님은 우리에게
아무것도 주지 못합니다.

이 사실을 있는 그대로 인정하지 않으면
아마도 석가모니 부처님께서 슬퍼하실 것입니다.

그런데 왜 부처님(불상)께 불공을 할까요?

수 천 년 전 돌아가신 석가모니 부처님에 대한
존경을 표하기 위해서 절을 할 수 있고
본인의 신앙과 수행을 위해 절을 할 수 있습니다.

그러나
직접적으로 복을 빌고 소원을 빈다면
그건 아닙니다.

불상 부처님 앞에서
절하고 기도하다보니
깨달음을 얻을 수는 있을지언정

직접적인 무언가를 바란다면
그건 아닙니다.
주소가 틀렸고 대상이 틀렸습니다.

나는 부처님으로부터 무엇을 얻고자 하는가?

대종사 말씀하시기를

「불상을 숭배하는 것이 교화 발전에 혹 필요가 있기도 하였으나
현재로부터 미래를 생각하면 그렇지 못할 것이 사실이니,
사람들이 저 불상을 수 천 년이나 모셔 보았으므로
이제는 점차 그 위력에 대한 각성이 생겨날 것이요,
각성이 생겨난다면 무상 대도의 이치는 알지 못하고
다만 그 한 방편만 허무하다 하여 믿지 않게 될 것이라
어찌 발전에 장해가 없을 것이며,
또는 존엄하신 불상을
한갓 각자의 생활 도모하는 수단으로 모시는 사람도
적지 아니할 것이니 어찌 유감스럽지 아니하리요.
그러므로 우리는 법신불 일원상을 모시기로 한 것이니라.」

—대종경 교의품13장

말씀하시기를

「신앙을 하는 데 세 가지 구분이 있나니,

하근기는 우치하여 무슨 형상 있는 것이라야 믿고,

좀 지각이 난 이는 우상은 배척하고

어떠한 명상에 의지하여 믿으며,

좀 더 깨치면 명상도 떠난 진리 당체를 믿나니라.

어린 아이는 과자나 노리개로 달래고

좀더 자라면 어른의 이름을 빙자하여 이해시키고,

어른이 되면 경위로 일러 주어야 자각하는 것이

각각 지각 나기에 있는 것 같나니라.

지금 시대의 일반 정도는 어른의 이름을 빙자하여

달래야 하는 정도나

앞으로 차차 모든 사람의 지각이 장년기에 드나니

멀지 아니하여 천하의 인심이 일원대도에 돌아오리라.」

–정산종사법어 경의편4장

무어라 이름 붙이기 힘든
이 우주에 편만한 진리를 이름 하여
부처님이라 부르기도 하고

이 진리를 깨달은 분들을
부처님이라고 하기도 하며

이 우주만유 모두를
부처님이라고 하기도 합니다.

흔히 부처님이라고 하면
석가모니 부처님만을 이르는 경우가 많지만
그것이 전부가 아닙니다.

세 가지 부처님을 모두 알고
용처에 맞게 사용할 줄 알아야
부처님을 알았다고 할 수 있습니다.

깊은 산 속 법당에 모셔진 부처님(불상)은
대개는 석가모니 부처님을 형상화한 것입니다.

우리가 석가모니 부처님을 기리는 이유는
그 분이 부처님을 깨달았기 때문입니다.

이 때의 부처님은 진리를 뜻합니다.

이 우주에 가득한 하나의 진리를 말합니다.

흔히 인과보응의 이치, 불생불멸의 진리로 표현하기도 하는데
그런데 이 표현들이 종교마다 다르고
아주 다양합니다.

유교에선 무극 또는 태극이다,
도교에선 도(道)다, 자연(自然)이다,
불교에선 부처님이다, 법신불(法身佛)이다,
기독교에선 하나님이다,
동학에선 한울님이다,
원불교에선 법신불 일원상(○, 一圓相)이다…
다양하게 표현하고 있습니다.
그래서 진리를 깨달았다고 하는 것은
이 모든 표현들에 걸리지 않음을 뜻하기도 합니다.

우주가 하나인데 진리가 여럿일 수는 없습니다.

깊은 곳으로 들어가면
모두가 하나로 만날 수밖에 없습니다.
이름이 다를 뿐.

대종사 말씀하시기를

「…우리 회상 에서 일원상을 모시는 것은

과거 불가에서 불상을 모시는 것과 같으나,

불상은 부처님의 형체(形體)를 나타낸 것이요,

일원상(一圓相)은 부처님의 심체(心體)를 나타낸 것이므로,

형체라 하는 것은 한 인형에 불과한 것이요,

심체라 하는 것은 광대 무량하여 능히 유와 무를 총섭하고 삼세를 관통하였나니,

곧 천지 만물의 본원이며 언어도단의 입정처(入定處)라,

유가에서는 이를 일러 태극(太極) 혹은 무극(無極) 이라 하고,

선가에서는 이를 일러 자연 혹은 도라 하고,

불가에서는 이를 일러 청정 법신불이라 하였으나,

원리에 있어서는 모두 같은 바로서

비록 어떠한 방면 어떠한 길을 통한다 할지라도

최후 구경에 들어가서는 다 이 일원의 진리에 돌아가나니,

만일 종교라 이름하여 이러한 진리에 근원을 세운 바가 없다면

그것은 곧 사도(邪道)라,

그러므로 우리 회상에서는 이 일원상의 진리로써

우리의 현실 생활과 연락시키는 표준을 삼았으며,
또는 신앙과 수행의 두 문을 밝히었나니라.」

–대종경 교의품 3장

[부처님의 권능]

다시 한 번 생각해 봅니다.

부처님(불상)에게 불공을 하면
무엇을 얻을 수 있을까요?

부처님(불상)은 우리에게 직접
죄벌을 주고 복을 주는 권능이 없습니다.

진리 부처님에 대한 불공이면 모르되
불상 부처님이 무언가를 내게 주기를 바라면서
올리는 불공은
잘못된 불공입니다.

내가 바라는 바를 얻기 위해
내가 이루고자 하는 바를 이루기 위해
우리는 어느 부처님께 불공을 해야 합니까?
우물에서 숭늉을 찾거나
토끼에게서 뿔을 찾을 수는 없습니다.

수 천 년 전 석가모니 부처님께선
우리들 보고
불상 앞에서 온갖 것을 구하는 불공을 하라고
가르침을 펴시지는 않으셨습니다.

그것이야 말로 부처님의 참 뜻이 아닙니다.

대종사 말씀하시기를

「…불교는 장차 세계적 주교가 될 것이니라.

그러나, 미래의 불법은 재래와 같은 제도의 불법이 아니라

사 · 농 · 공 · 상 을 여의지 아니하고,

또는 재가 출가를 막론하고 일반적으로 공부하는 불법이 될 것이며,

부처를 숭배하는 것도 한갓 국한된 불상에만 귀의하지 않고,

우주 만물 허공 법계를 다 부처로 알게 되므로

일과 공부가 따로 있지 아니하고,

세상 일을 잘하면 그것이 곧 불법 공부를 잘하는 사람이요,

불법 공부를 잘하면 세상 일을 잘하는 사람이 될 것이며,

또는 불공하는 법도 불공할 처소와 부처가 따로 있는 것이 아니라,

불공하는 이의 일과 원을 따라 그 불공하는 처소와 부처가 있게 되나니,

이리 된다면 법당과 부처가 없는 곳이 없게 되며,

부처의 은혜가 화피초목(化被草木) 뇌급만방(賴及萬方)하여

상상하지 못할 이상의 불국토가 되리라…」

–대종경 서품15장

대종사 봉래 정사(蓬萊精舍)에 계실 때에
하루는 어떤 노인 부부가 지나가다 말하기를,
자기들의 자부(子婦)가 성질이 불순하여 불효가 막심하므로
실상사(實相寺) 부처님께 불공이나 올려 볼까 하고 가는 중이
라고 하는지라…

[불공하러 가는 길]

대종사님께서 봉래정사에 계실 때에
어떤 노부부가 실상사 부처님께 불공을 드리러 갑니다.

대종사께서 그 연유를 물으니
'자부(子婦, 며느리)가 성질이 불순하여 불효가 막심하므로
실상사 부처님께 불공이나 올려볼까 하고 가는 중' 이라고 합니다.

노부부의 속은 며느리가 썩이는데
불공은 실상사 부처님(불상)에게 하려는 것입니다.

앞서 말한 바와 같이
불상 부처님은 직접적 권능이 없으십니다.

실상사 부처님에게 불공을 하다가
진리에 대한 자각을 얻고
인생에 대한 깨달음을 얻을 수는 있을지 몰라도

직접적으로 며느리를 변화시킬 능력은
갖고 있지 않습니다, 실상사 부처님(불상)은.

막연히 허공에 대고
신세한탄을 하는 것과 무엇이 다르며

말 없는 바위 앞에서
요행수를 바라는 것과 무엇이 다르겠습니까?

답답한 마음은 이해가 가나
그 행동엔 여러 가지 생각할 바가 많습니다.

나를 힘들게 하는 인연은 없는가?

누군가 나를 힘들게 할 때, 나는 어떻게 하는가?

[불공이나]

더구나
이 노부부는
부처님에 대한 확신이 없습니다.

이 노부부는
불공에 대한 확신도 없는 것 같습니다.

'불공이나 올려볼까 하고 가는 중' 이라고 하는 것을 보면
짐작할 수 있습니다.

'점이나 쳐볼까' 하고 점집에 가는 사람의 마음과 비슷합니다.

맞으면 다행이고 안 맞아도 그만이라는
요행수를 바라는 마음이 엿보입니다.

학신을 가지고
정성을 다해도 그 결과를 얻기가 쉽지 않은데…

긴가민가 하는 이런 태도로는 불공의 효과를 보기 힘듭니다.

점치는 것과 신앙은 어떻게 다른가?

…대종사 들으시고 말씀하시기를

「그대들이 어찌 등상불에게는 불공할 줄을 알면서

산 부처에게는 불공할 줄을 모르는가.」

그 부부 여쭙기를

「산 부처가 어디 계시나이까.」

대종사 말씀하시기를

「그대들의 집에 있는 자부가 곧 산 부처이니,

그대들에게 효도하고 불효할 직접 권능이 그 사람에게 있는 연고라,

거기에 먼저 공을 드려 봄이 어떠하겠는가.」…

[산부처]

이들을 보시고 대종사님께서
진짜 부처님 한 분을 소개합니다.

등상불(等像佛, 불상)이 아니라 살아계신 부처님입니다.

대종사님은
'그대들의 집에 있는 자부가 곧 산부처' 라고 말씀하십니다.

산에 모셔진 부처님이 아니라
집에 있는 며느리가
진짜 부처, 살아 있는 부처님이라는 것입니다.

이 짤막한 말씀이
선천(先天)과 후천(後天)을 가르고
새 시대의 도래를 알리는 개벽의 소식입니다.

새 세상을 여는 새 신앙이 시작됩니다.

왜 며느리가 부처님일까요?
대종사님은 말씀하십니다.
'그대들에게 효도하고 불효할 직접 권능이
그 사람에게 있는 연고라,
거기에 먼저 공을 드려 봄이 어떠하겠는가?'

나무나 돌, 쇠로 만든 부처님이 아니라
집에 있는 며느리가
효도의 직접 권능을 가지고 있다는 말씀입니다.

보태고 뺄 것도 없는 지당하고 사실적인 말씀입니다.

내 행복을 좌우하는 인연은?

내 행복을 좌우하는 상황, 여건, 경계는?

아침마다 밥을 해주는 사람이 누구입니까?
며느리입니다.
찬밥을 주면 찬밥을 먹어야 하고
더운밥을 주면 더운밥을 먹을 수 있습니다.
한집안에 사는 며느리와 기운이 막히면
온 세상이 답답해집니다.
늘 얼굴 맞대는 며느리가 생글생글하면
온 세상이 살맛나는 세상입니다.

부처님(불상)이야 묵묵부답이지만
며느리야말로 나를 행복하게도, 불행하게도 만드는
내 운명을 좌우하는 존재입니다.
내 곁에 계신 부처님입니다.

집안 며느리가 불효를 하는데
깊은 산 중의 부처님에게 불공하러 가는 것은
맞지 않습니다.

오히려 하산해서
며느리를 만나러 가야합니다.
문제의 한 복판으로, 문제의 근본으로 하산해야 합니다.
내 행복의 열쇠를 가진 산부처님께.

대종사 조실에 계시더니,
때마침 시찰단 일행이 와서 인사하고 여쭙기를
「귀교의 부처님은 어디에 봉안하였나이까.」
대종사 말씀하시기를
「우리 집 부처님은 방금 밖에 나가 있으니 보시려거든 잠깐 기다리라.」
일행이 말씀의 뜻을 알지 못하여 의아하게 여기더니,
조금 후 점심 때가 되매
산업부원 일동이 농구를 메고 들에서 돌아오거늘
대종사 그들을 가리키시며 말씀하시기를
「저들이 다 우리 집 부처니라.」
그 사람들이 더욱 그 뜻을 알지 못하나니라.

–대종경 성리품 29장

[머느리 부처님]

그런데

이제 그 며느리는 예전의 며느리가 아닙니다.

대종사님 말씀에 의하면 '며느리 부처님' 인 것입니다.

노부부는 실상사 부처님을 만나러 갔으나

대종사 부처님을 만나

새로운 부처님 소식을 듣습니다.

내 집에 모셔진 산부처님, 생불님 소식입니다.

이제 이 노부부가 만나는 며느리는

어제의 며느리가 아니고,

이제 며느리가 만나는 노부부도

어제의 노부부가 아닙니다.

몸은 그대로이되

마음가짐이 달라진 노부부입니다.

대종사 부처님으로부터 새로운 법문을 받들어

새롭게 거듭난 노부부입니다.

변화는 늘 나의 변화로부터 비롯됩니다.

나는 언제 거듭났나?

내 가치관은 언제 바뀌었나?

…그들이 다시 여쭙기를

「어떻게 공을 드리오리까.」

대종사 말씀하시기를

「그대들이 불공할 비용으로

자부의 뜻에 맞을 물건도 사다 주며

자부를 오직 부처님 공경하듯 위해 주어 보라.

그러하면, 그대들의 정성을 따라 불공한 효과가 나타나리라.」…

[불공의 방법]

불공의 방법을 묻는 노부부에게
대종사님 말씀하시기를
실상사 부처님께 불공할 비용으로
자부의 뜻에 맞을 물건도 사다주며
자부를 오직 부처님 공경하듯 위해 주라고 하십니다.
그러면 정성을 따라 그 효과가 나타날 것이라고 하십니다.

간단한 말씀입니다.
며느리가 좋아할 것을 해주고
부처님 공경하듯 위해주라고 하십니다.
쉬운 듯한 말씀이지만
'해보라' 고 하십니다.

부처님(불상)께 불공하는 비용은 어디로 갈까요?

그 비용들이 결국은

절의 기둥도 되고 밥도 되고 책도 될 것입니다.

부처님의 진리를 펴는 사찰이 되고,

스님과 신도들의 양식이 되기도 할 것입니다.

부처님의 가르침을 담은 경전이 되기도 할 것입니다.

고아원이 되어서 고아들의 보금자리가 되기도 하고

양로원이 되어서 노인들의 안식처가 되기도 할 것입니다.

물질적 불공은

이 세상을 맑고, 밝고, 훈훈하게 만드는데 큰 도움이 됩니다.

대단히 소중한 공덕이 됩니다.

내가 지금 불공할 인연은 누구인가?

그러나 대종사님은
그 비용을 다른 데 쓰라고 하십니다.

돌아 돌아 가지 말고
바로!
직접!
당처(當處)에 불공하라고 하십니다.

아무 거리낌이 없으십니다.
그 결과에 대한 확신이 계시기 때문에.

불법, 부처님의 가르침은 간단하고 확실한 것입니다.

그리고 그 결과 역시
털끝만큼도 틀리지 않습니다.

인과의 진리 그대로이기 때문입니다.

나는 그 인연에게 어떻게 불공해야 하나?

[부처님의 뜻]

대종사님은

「자부의 뜻에 맞는 물건도 사다주라」고 말씀하십니다.

노부부의 뜻이 아니라 '며느리의 뜻' 입니다.

며느리의 마음을 읽으라는 말씀입니다.

며느리가 원하는 것

며느리의 마음을 읽어야 합니다.

나는 불공할 상대의 마음을 잘 일고 있는가?

상품을 만드는 사람도 수요자를 중심으로 생각하고
물건을 파는 사람도 소비자 위주로 노력합니다.

그러니,
며느리 비위를 맞춰서 가정의 평화를 얻으라는 것인가요?
그렇다면,
이 불공은 혹시 뇌물이 아닌가요?

물건도 사다주고
여러 가지 노력을 해야겠지만
여기에 빠져서는 안 되는 것이 있습니다.

불공의 핵심은

「오직 부처님 공경하듯 위해 주어 보라」는 말씀입니다.

여기에 참으로 많은 뜻이 있는 것 같습니다.

이 말씀으로 인해 불공은 뇌물이 아닌 것입니다.

나에게 불효를 해서 나를 불행하게 하고 있는 며느리를

어떻게 '부처님 공경하듯' 위해주란 것입니까?

과연 이게 가능할까요?

속 썩이는 며느리를, 미운 며느리를

부처님 공경하듯 위해 주라니…

말씀하시기를

「법신불이라 함은 곧 만법의 근원인 진리불을 이름이요,

보신불과 화신불은 그 진리에서 화현한 경로를 이름인 바,

화신불 가운데에는 진리 그대로 화현한 정화신불이 있고

또는 진리 그대로 받지 못한 편화신불이 있으니,

정화신불은 곧 제불 제성을 이름이요

편화신불은 일체 중생을 이름인 바,

비록 지금은 중생이나 불성만은 다 같이 갊아 있으므로

편화신불이라 하나니라.

그러므로 우리의 마음이 청정하고 바른 때에는

곧 내가 정화신불이요

삿되고 어두울 때에는 편화신불임을 알아야 할 것이니라.」

–정산종사법어 원리편5장

[원래 미운 며느리는 없다]

그 며느리도 시집오기 전
친정 부모님에겐 금지옥엽이었습니다.
눈에 넣어도 아프지 않을 딸이었습니다.

그리고 남편에겐
둘도 없는 예쁜 아내 일 수 있습니다.
어쩌면 내가 잘못 보고 있는 것은 아닌지
돌아보아야 합니다.

미운 며느리는 애당초 없었는지 모릅니다.

미운 며느리,

섭섭한 며느리,

속 썩이는 며느리,

미운 며느리를 어떻게 하란 말이냐? 라고 하고 싶겠지만

사실은,

섭섭한 며느리도 없고,

속 썩이는 미운 며느리도 그 실체가 없는 것인지도 모릅니다.

실제로 미운 사람을 어떻게 보아야 하나?

[불완전한 부처님]

불완전해 보이고 결점 투성이 며느리를
존귀한 부처님으로 보고
무한한 가능성을 가진 인격체로 보는 것입니다.
끝없는 믿음으로 바라보는 것입니다.
진심으로 사랑하고
대자대비로 며느리를 품어 안는 것입니다.
여기서 실다운 신앙이 꽃피기 시작합니다.
진정한 삶의 변화가 일어나기 시작합니다.

뇌물을 바치고 결과를 바라는
조급한 마음으로는
진정한 불공에 이르지 못합니다.

내가 내 관점과 태도를 바꾸지 않고는
그 어떤 변화도 있을 수 없습니다.

끝까지 기다려주고
끝까지 믿어주지 않는다면
변화는 오지 않습니다.

가면 오는 것이고, 뿌린 대로 거둔다는
인과의 진리를 알지 못한다면
마음은 조급해집니다.

원인과 결과의 관계를 아는 사람은
초조해 하지도 않고
조급해 하지도 않습니다.

나의 끈기는 어느 정도인가?

누군가를 끝까지 믿고 기다려 줄 수 있는가?

우주의 진리는 원래
생멸이 없이 길이길이 돌고 도는지라,
가는 것이 오는 것이 되고,
오는 것이 가는 것이 되며,
주는 사람이 곧 받는 사람이 되고
받는 사람이 곧 주는 사람이 되나니,
이것이 만고에 변함없는 상도(常道)니라.

—대종경 인과품1장.

며느리에게 뜻에 맞을 물건도 사다주고
부처님 공경하듯 위해주면
그 응답은 누가 할까요?
물론 그 며느리가 하겠지요.
하지만 달리 표현한다면
진리가 며느리를 통해 응답하시는 것입니다.

며느리가 응답한다고 해도 맞지만
며느리 안에 모셔진 부처님이 응답한다고 해도 좋습니다.

그래서 진리를 깨달으신 부처님께서 말씀하십니다.
우리 모두가 불성(佛性)을 가지고 있다고.
우리들의 본래 마음이 부처님이라고.

기독교에선 하나님 형상대로 인간을 만들었다고 하고
동학에선 사람이 곧 하늘이라고 합니다.
소태산 대종사님은 모두가 부처님이라고 하십니다.

내 안에 불성이 있는가?

일원(一圓)은

언어도단(言語道斷)의 입정처(入定處)이요,

유무초월(有無超越)의 생사문(生死門)인바,

천지, 부모, 동포, 법률의 본원이요,

제불(諸佛), 조사(祖師), 범부(凡夫), 중생(衆生)의

성품(性稟)으로…

[빈자리]

며느리는 며느리 역할을 해야 하고
시부모는 시부모의 역할을 해야 합니다.
그러나 그 역할들이 서로 어그러질 때,
서로 상처를 주고받아 괴로울 때,
어디서부터 풀어가야 할까요?

며느리가 며느리가 아닌 자리
시부모도 시부모가 아닌 자리
텅-비어 있는 자리에서
다시 시작할 필요가 있습니다.

[모두 존귀하다]

미운 며느리,

원래 미운 며느리가 아니었습니다.

미운 짓을 좀 했을 뿐.

내가 밉게 봐서 그렇게 보이는 지도 모릅니다.

며느리는 원래 며느리가 아닙니다.

시부모님과의 관계 속에서 며느리일 뿐.

들에 핀 꽃 한 송이가

이 우주에 하나 밖에 없듯이

며느리도 이 우주에 하나 밖에 없는 존귀한 존재입니다.

어떤 잣대로 재단하고

어떤 고정관념으로 평가할 수 없는 고귀한 존재입니다.

'며느리' 는 하나의 그릇입니다.
하나의 명칭, 명상(名相)일 뿐입니다.
이 며느리는 시부모님에게 며느리일 뿐
남편에겐 아내이고
자식에겐 어머니이고
부모에겐 예쁜 딸입니다.
크게 보면 사람일 뿐이고
더 크게 보면 한 고귀한 생명체이고…
부처님 관점에선 존귀한 부처님이십니다.
온전하게 본다는 것
그것이 진정한 부처님의 발견인지도 모릅니다.

어떤 그릇에 억지로 담으려 하면
그 그릇에 담기는 사람, 존재는
억울해하고
고통 받고 아파합니다.

늘 며느리보다 딸이 예쁘고
늘 시부모 보다 친정부모가 좋다면
시부모와 며느리는
서로 만나기 힘들고
하나가 될 수 없습니다.

내 눈에 들어있는 티를 빼지 않고는
'부처님 공경하듯' 이 될 수 없을 것입니다.

온전히 부처님의 인격을 갖추신 분들은 정화신불(正化身佛)

아직 온전히 갖추지 못하신 분들은 편화신불(偏化身佛)이라고 합니다.

며느리 부처님은

부처님은 부처님이로되 아직 편화신불,

온전하지 않은 부처님이라고 할 수 있습니다.

며느리만이 아니라

우리 모두 편화신불이겠지요.

[불공의 시작]

'며느리를 부처님 공경하듯 위해주라' 는 말씀은
며느리가 부처님이 아니지만
부처님으로 봐주라는 말씀이 아닙니다.

부처님이시니 부처님으로 보라는 말씀입니다.
내 관점, 내 마음에서 불공은 시작됩니다.

불공이란,
부처님께 드리는 공양입니다.
내가 가진 소중한 것을
부처님께 바치는 것입니다.

따라서, 며느리가 부처님으로 보이지 않으면
불공도 불가능합니다.

내가 소중히 여기는 것을 바치지 않으면
불공도 없습니다.

[마음이 맑아야]

내 눈을 맑히고 깨달음을 얻지 못하면
미운 며느리는 아무리 눈 씻고 보아도
미운 며느리일 뿐입니다.

대종사님의 가르침에 따라
억지로 불공을 해보려 하지만
볼 때 마다 미운 며느리를 부처님으로 볼 수는 없습니다.

내 마음이 맑아져서
내 눈에 보이는 며느리가
부처님으로 보이지 않는다면
불공도 없습니다.

내 마음 맑히는 것,
마음공부요, 수행이요, 진리불공입니다.

내 눈은 얼마나 맑은가?

… 대종사 말씀하시기를

「불공하는 법이 두 가지가 있으니,

하나는 사은 당처에 직접 올리는 실지 불공이요,

둘은 형상 없는 허공 법계를 통하여 법신불께 올리는

진리 불공이라,

그대들은 이 두 가지 불공을 때와 곳과 일을 따라

적당히 활용하되

그 원하는 일이 성공 되도록 까지 정성을 계속하면

시일의 차이는 있을지언정 이루지 못 할 일은 없으리라.」

또 여쭙기를 「진리 불공은 어떻게 올리나이까.」

대종사 말씀하시기를

「몸과 마음을 재계(齋戒)하고 법신불을 향하여

각기 서원을 세운 후

일체 사념을 제거하고,

선정(禪定)에 들든지 또는 염불과 송경을 하든지

혹은 주문 등을 외어

일심으로 정성을 올리면

결국 소원을 이루는 동시에 큰 위력이 나타나

악도 중생을 제도할 능력과

백천 사마라도 귀순시킬 능력까지 있을 것이니,
이렇게 하기로 하면 일백 골절이 다 힘이 쓰이고
일천 정성이 다 사무쳐야 되나니라.」

—대종경 교의품16장

불상으로 모셔진 부처님께 음식이나 재물을 바칩니다.
하나도 아깝지 않습니다.
그런데 며느리에겐 아깝습니다.
아들 자식 먼저 먹이고 싶고
시집간 딸 먼저 입히고 싶습니다.

이래서는
진정한 불공이 되기 어렵습니다.

[정말 소중한 것]

그리고

내가 정말 소중하게 여기는 것을 주어야 합니다.

어쩌면 그것은

며느리가 좋아하는 옷이나 물건이 아닐 수도 있습니다.

돈으로 살 수 있는 것이 아닐 수도 있습니다.

눈에 보이지 않고

손으로 만질 수 없는 것인지도 모릅니다.

돈이 없더라고

한 푼 두 푼 모아서라도

며느리가 좋아하는 물건을 줄 수는 있습니다.

하지만 며느리가 바라는 것은

그것이 아닐 수 있습니다.

'그래, 내가 미안하게 됐구나'

라는 진심 어린 말 한마디 일 수도 있습니다.

'정말 고맙다, 얘야' 하며

그윽하게 정을 담은 눈길이

며느리가 가장 바라는 것인지도 모릅니다.

하지만 반대로 불공을 하는 입장에선

비싼 선물보다 더 주기 어려운 것일 수 있습니다.

말도, 손길도, 눈길도 없이
아무도 보지 않는 곳에서
아무도 모르게
며느리를 위해서 기도를 하기는
더 어려운 것인지 모릅니다.

부처님이 되었든
하느님이 되었든
천지자연이 되었든
법신불 일원상 앞에서든
정화수 앞에서든…

간절한 마음으로
누군가를 위해 기도한다는 것
정말 어려운 일인지도 모릅니다.
하지만 하기로 하면 어렵지 않은 일이기도 합니다.

여기가 불공의 출발지라고 해도 되겠습니다.

학인이 묻기를

「등상불에 대한 숭배는 한갓 형식일 따름이오니까.」

답하시기를

「등상불을 숭배하여도 그 마음 가짐에 따라

실효를 얻을 수도 없지 않나니,

그 앞에 알뜰히 예배 공양할 때에

그 마음은 청정하여 질 것이며,

그러한 마음으로 착한 인을 지으면

또한 선한 과보를 받을 것이니,

이도 한 방편은 되나니라.」

또 묻기를

「그러하오나 음식 불공은 허례가 아니오니까.」

답하시기를

「마음의 표현을 물질로써 나타내는 한 방편은 되나,

마음의 정성은 마음의 재계(齋戒)와 실다운 사업으로 하는 것이 그 실효가 훨씬 크나니라.

–정산종사법어 경의편 50장

나는 기도하고 있나? 누구를 위해, 무엇을 위해?

[백척간두 진일보]

백척 높이 당간지주에서 한 발짝 나선다는 것.

아주 힘든 일을 비유해서 하는 말입니다.

자존심을 접고

'미안하다', '내가 잘못했다' 고 하는 것.

죽기보다 힘들 수 있습니다.

백척간두에서 진일보하는 어려움일 수 있습니다.

진일보 하면 허공입니다.

육신은 허공에서 추락하겠지만

마음의 세계에서 진일보하면

그 때 만나는 허공은…

단순한 물리적 허공이 아닙니다.

대자유의 새로운 세계입니다.

진일보하는 사람만의 세계입니다.

과거의 불공 법과 같이
천지에게 당한 죄복도 불상(佛像)에게 빌고,
부모에게 당한 죄복도 불상에게 빌고,
동포에게 당한 죄복도 불상에게 빌고,
법률에게 당한 죄복도 불상에게만 빌 것이 아니라,
우주 만유는 곧 법신불의 응화신(應化身)이니,
당하는 곳마다 부처님(處處佛像)이요,
일일이 불공 법(事事佛供)이라,
천지에게 당한 죄복은 천지에게,
부모에게 당한 죄복은 부모에게,
동포에게 당한 죄복은 동포에게,
법률에게 당한 죄복은 법률에게 비는 것이 사실적인 동시에
반드시 성공하는 불공 법이 될 것이니라.
또는, 그 기한에 있어서도 과거와 같이 막연히 한정 없이 할 것이 아니라,
수만 세상 또는 수천 세상을 하여야 성공될 일도 있고,
수백 세상 또는 수십 세상을 하여야 성공될 일도 있고,
한 두 세상 또는 수십 년을 하여야 성공될 일도 있고,
수월 수일 또는 한 때만 하여도 성공될 일이 있을 것이니,

그 일의 성질을 따라 적당한 기한으로 불공을 하는 것이 또한 사실적인 동시에 반드시 성공하는 법이 될 것이니라.

–정전 불공하는 법

[불공의 기한]

100일 불공, 1000일 정성을 들인다고 합니다.
불공은 언제까지 해야 할까요?

대종사님은 '불공하는 법' 에서
'…그 기한 에 있어서도 과거와 같이
막연히 한정 없이 할 것이 아니라
수만 세상 또는 수천 세상을 하여야 성공될 일도 있고,
수백 세상 또는 수십 세상을 하여야 성공될 일도 있고,
수월 수일 또는 한 때만 하여도 성공될 일이 있을 것이니,
그 일의 성질을 따라 적당한 기한으로 불공을 하는 것이
또한 사실적인 동시에
반드시 성공하는 법이 될 것이니라'
라고 말씀하십니다.

대종경의 며느리는 '몇 달' 안에 효부가 되었답니다.

몇 달!

길다면 길고 짧다면 짧습니다.

여러 가지 어려움을 무릅쓰고 불공하는 입장에선 길 수도 있고,

평화로운 가정을 이루는데 소요된 시간으로는

참 짧은 시간일 수도 있습니다.

인간관계 회복을 위해 시간을 얼마나 쓰는가?

[마음의 변화]

그런데 몇 달 전의
'성질이 불순하여 불효가 막심' 하던
그 미운 며느리는 어디로 갔나요?

몇 달 안에 그 미운 며느리는 사라지고
효도하는 며느리가 나타났으니
그 미운 며느리는 어디로 갔을까요?

진리를 깨달으신 부처님들께선 말씀하십니다.

마음은 변하는 것이다.

업(業)은 본래 무명(無明)이니 지혜 광명을 따라 없어지고,

요란한 마음도 고요한 마음으로 변할 수 있고,

어리석은 마음도 지혜로운 마음으로 변할 수 있고,

그른 마음도 바른 마음으로 변할 수 있다고 하십니다.

변화하는 이치가 있으니

마음공부로 마음을 변화시키라고 하십니다.

마음만 밝히면

수 백 년 된 어둠도 횃불 아래 어둠처럼 한 순간에 사라지고 맙니다.

흉악범도 참회를 하면 순진한 동심으로 돌아갈 수 있습니다.

중생심이 녹아 부처님 마음으로 변하고

중생이 변해 부처님이 됩니다.

마음공부 제대로 하면

며느리의 운명만이 아니라

우리 모두의 운명이 변합니다.

불효하는 며느리도 그 며느리요
효도하는 며느리도 그 며느리
같은 며느리입니다.

예전의 불효하던 며느리가 변해서
효도하는 며느리가 되었나고 하지만

가만히 생각해보면
원래 '불효하는 며느리'는
그 실체가 없었는지도 모릅니다.

경계 따라, 상황 따라
시부모님 마음에 거스르게 작용했을 뿐.

'불효하는 며느리' 란 본래 없다는
빈 마음으로,
빈 눈길로 바라보지 않으면
'불효하는 며느리' 는
계속해서 '불효하는 며느리' 입니다.

그 '불효' 의 실체도 비어있음을 알아야,
빈 마음으로, 빈 눈길로 바라보아야,
그 '불효하는 며느리' 가 녹아내리기 시작합니다.

온전히 바라보는 것만으로도
모든 것이 변하기 시작합니다.

또,

불효하는 며느리가

효도하는 며느리로 바뀌었으니

효도하는 며느리가

다시 불효하는 며느리로 바뀔 수도 있습니다.

이것이 변화의 이치입니다.

[마음의 원리]

며느리의 마음이 변하는 순간
며느리는 또 다른 며느리로 바뀝니다.

며느리의 마음이 왜 바뀌고
어떻게 바뀌는지를 알지 못하면
마음의 원리를 알지 못하면

며느리의 변화에 속수무책입니다.

내 마음공부로 마음의 작용원리를 알아야
며느리의 마음도 제대로 볼 수 있습니다.

대종사 말씀하시기를

「사람의 성품이 정한즉 선도 없고 악도 없으며,

동한즉 능히 선하고 능히 악하나니라.」

–대종경 성리품 2장

대종사 말씀하시기를

「내가 못 당할 일은 남도 못 당하는 것이요,

내게 좋은 일은 남도 좋아하나니,

내 마음에 섭섭하거든 나는 남에게 그리 말고,

내 마음에 만족하거든 나도 남에게 그리 하라.

이것은 곧 내 마음을 미루어 남의 마음을 생각하는 법이니,

이와 같이 오래오래 공부하면

자타의 간격이 없이 서로 감화를 얻으리라.」

–대종경 인도품 12장

[마음공부]

한 집에 산다고
피를 나눈 혈육이라고 해서
진정한 만남이 가능한 것은 아닙니다.

부모도 자식의 몸을 낳은 것이지
마음을 낳은 것은 아닙니다.

하물며 며느리와의 만남은 쉽지 않습니다.

껍데기 만남이 아닌
진정한 만남을 이루려면 어떻게 해야 할까요?

내가 '참 나'를 만나야
그 다음에 며느리와도 참 만남이 가능합니다.

마음공부로 내 마음을 알아야
며느리 마음도 잘 알아서
진정한 만남이 이뤄질 것입니다.

은혜의 인연 꽃이 피기 시작할 것입니다.

「복 중에는 인연 복이 제일이요
인연 중에는 불연이 제일이니라.
오복의 뿌리는 인연 복이니
부지런히 선근자와 친근하라.」

–정산종사법어 원리편 56장

실상사 부처님께 불공이나 올려볼까 하고 가던 노부부가
대종사님의 말씀대로 실천하여
효과를 보았습니다.
참으로 기쁜 일입니다.

그런데 그 며느리가 또 다르게 변하면
어떻게 해야 할까요?

대종사님이 늘 곁에서 가르쳐 주지도 않는데…
결국 내가 알아서 불공할 줄 아는 사람이 되어야 합니다.
진리에 대한 안목이 열려야 합니다.

[부처님 뵙기]

부처님이 계셔야 불공을 하는데

내 마음이 밝지 않으면

부처님도 보이지 않고,

부처님이 보이지 않으면

불공도 할 수 없습니다.

마음을 밝히고 밝혀야 부처님이 발견되고

그래야 불공도 가능합니다.

부처님께 나아가

내 소중한 것을 드리는 불공이 시작됩니다.

[보은 즉 불공]

대종사님은
은혜(恩惠)를 '서로 없어서는 살 수 없는' 관계로 설명해주셨고
우주만물은 서로 없어서는 살 수 없는 은혜의 관계를
맺고 있다고 보셨습니다.

그리고 또,
모두가 부처님이시니-처처불상(處處佛像)
일마다 불공하자-사사불공(事事佛供)
라고 말씀하십니다.

결국
은혜는 부처님의 다른 이름입니다.

한 모금 물, 맑은 공기 한 줄기,
한 톨의 쌀이 모두 은혜이고
은혜가 모두 부처님입니다.

은혜에 감사하는 순간
부처님이 보이기 시작합니다.

원망하며 살아가면
은혜도 부처님도 보이지 않습니다.

내 마음이 감사로 가득할 때
세상은 불국토입니다.

나는 누구에게 감사하고 살아가는가?

나는 무엇에 감사하고 살아가는가?

천지님 은혜에 감사하며
천지님 은혜에 보은하는 것이
바로 천지님을 부처님으로 모시는 것이고
천지님께 불공하는 것입니다.

부모님 은혜에 감사하며
부모님 은혜에 보은하는 것이
바로 부모님을 부처님으로 모시는 것이고
부모님께 불공하는 것입니다.

시부모님이든, 며느리이든
그 은혜를 느끼고 보은 하는 것이
부처님으로 모시는 것이고
불공이 되는 것입니다.

부처님은
깊은 감사의 마음속에 모습을 드러내십니다.

며느리에게

진심으로 고마움을 느끼는 순간

며느리는 그냥 며느리가 아니라

며느리 부처님으로 보이기 시작합니다.

며느리의 은혜를 느끼는 순간

며느리는 부처님이 됩니다.

부처님을 발견한다는 것은
은혜를 발견한다는 것.

은혜를 발견한다는 것은
행복을 발견한다는 것.

부처님 눈길로 세상을 보면
세상에 부처님이 가득하십니다.

은혜의 눈길로 세상을 보면
세상엔 온통 은혜로 가득하십니다.

행복의 눈길로 세상을 보면
세상이 행복으로 가득합니다.

이 모두가 내 마음에 달렸습니다.
내 마음에.

땀 흘려 보은하는 사람들,

애써서 불공하는 사람들,

이들이 애쓰고 땀흘리는 까닭은 무엇일까요?

나 혼자 행복할 수 없다는 것을 알기 때문이고,

주위의 행복 없이 나만 행복 할 수 없음을 알기 때뮤입니다.

그래서

부처님들은 다른 이들의 행복을 위해 노력하십니다.

대종사 말씀하시기를
「중생은 영리하게 제 일만 하는 것 같으나
결국 자신이 해를 보고,
불보살은 어리석게 남의 일만 해주는 것 같으나
결국 자기의 이익이 되나니라.」

—대종경 요훈품 21장

출가위는…원근 친소와 자타의 국한을 벗어나서
일체 생령을 위하여 천신 만고와 함지 사지를 당하여도
여한이 없는 사람의 위요…

—정전 법위등급 중에서

부처님께 불공한다는 말도 맞지만
뒤집어도 맞습니다.
불공을 하는 사람이 부처님이라고.

보은하고 불공을 하면 복 받는다는 말도 맞지만
뒤집어도 맞습니다.
복 받는 일이 보은이고 불공이라고.

…그들이 집에 돌아가 그대로 하였더니,
과연 몇 달 안에 효부가 되는지라
그들이 다시 와서 무수히 감사를 올리거늘,
대종사 옆에 있는 제자들에게 말씀하시기를
「이것이 곧 죄복을 직접 당처에 비는 실지불공(實地佛供)이니라.」

[믿음]

어르신들의 말씀을 잘 들으면

자다가도 떡을 얻어먹는다는 말이 있습니다.

근심 많은 노부부는

반신반의 하는 마음으로 실상사를 찾았습니다.

하지만 부처님께 의지하는 그 마음이 소중했습니다.

그 공덕으로

새 부처님 소태산 대종사님을 만날 수 있었고

새 가르침을 받들 수 있었습니다.

집으로 돌아간 노부부는

'그대로' 했습니다.

대종사님이 하라고 하신 그대로 했던 것입니다.

부처님, 스승님의 가르침에 토를 달지 않고

그대로 했기 때문에

그 효과를 볼 수 있었던 것입니다.

마음에 새겨야 할 대목입니다.

내 삶의 스승은 누구인가?

[믿음 그리고 정성]

또 하나 잊지 말아야 할 것이 있습니다.
'그대들의 정성을 따라 불공한 효과가 나타나리라' 고 하셨는데
몇 달 안에 효부가 되었다 하니
그 노부부의 정성을 짐작할 수 있습니다.

그 정성은 생각보다 아주 힘든 것이었을 수도 있습니다.
하지만 지성이면 감천이라고
그 결과는 원하던 대로였습니다.

그 정성이 노부부와 며느리,
그리고 대종사님을 행복하게 만들었습니다.

[낙원, 부처님 나라]

시부모가 며느리를 부처님 모시듯 하는 곳.

며느리가 시부모님을 부처님 모시듯 불공하는 곳.

그래서 모두 행복한 가정.

이 곳이 부처님 나라.

불국토입니다.

광대무량한 낙원입니다.

며느리가 부처님이 아니면
나도 부처님이 아닙니다.

며느리가 부처님인 순간
나도 부처님입니다.

함께 불행하든지
함께 행복하든지

둘 중에 하나입니다.
이 지점이 중생과 부처님의 갈림길이고
지옥과 극락의 갈림길입니다.

내가 며느리일 수도 있고
내가 노부부일 수도 있습니다.

나는 누구입니까?
나는 무엇보다 소중한 존재입니다.
내 주변의 모든 존재 역시 마찬가지입니다.

모두가 죄복의 권능을 가지고 있습니다.
모두가 내 행복을 좌우합니다.
그래서 모두가 행복해야 합니다.

서로의 행복을 위해 서로의 소중함을 나누는 것.
자비, 사랑, 은혜, 존중과 배려, 나눔과 베풂…
이 모든 것이 불공입니다.

진정한 행복에 이르는 길, 불공입니다.

나는 며느리인가 노부부인가?

관련법문

…천지 만물 허공 법계가 다 부처 아님이 없나니,
우리는 어느 때 어느 곳이든지 항상 경외심을 놓지 말고
존엄하신 부처님을 대하는 청정한 마음과
경건한 태도로 천만 사물에 응할 것이며,
천만 사물의 당처에 직접 불공하기를 힘써서
현실적으로 복락을 장만할지니,
이를 몰아 말하자면 편협한 신앙을 돌려 원만한 신앙을 만들며,
미신적 신앙을 돌려 사실적 신앙을 하게 한 것이니라.

–대종경 교의품 4장.

선(禪) 결제식에 설법하시기를

「내 절 부처를 내가 잘 위하여야 남이 위한다는 말이 있나니,

자신에게 갊아 있는 부처를 발견하여 정성 들여 불공하라.

불공에는 자기불공과 상대불공이 있는 바,

이 두 가지가 쌍전하여야 하지마는

주종을 말하자면 자기불공이 근본이 되나니,

각자의 마음 공부를 먼저 하는 것은

곧 불공하는 공식을 배우는 것이니라.」

–정산종사법어 권도편 13장.

출가를 결심한 한 학생이 여쭙기를

「어떻게 하여야 세속심을 버리고

출가심으로 일관할 수 있겠습니까?」

말씀하시기를

「삼대 불공법(三大佛供法)으로 살라.

산 사람이 어찌 세속심 없기를 바라겠느냐?

수도에 오래오래 적공하면 힘을 얻게 되고 힘을 얻으면

세속심은 없어 질 것이다.

수도정진의 삼대불공법은 바로

불석신명불공(不惜身命佛供), 금욕난행불공(禁慾難行佛供),

희사만행불공(喜捨萬行佛供)이다.

이 법 아니고는 성불 못한다. 여기에 토대하여야 한다.

일원의 법문이 따로 있는 것이 아니다.

이것이 바로 일원상 법문이다.

이것만 가지고 살면 일생이 평안하고 영생이 좋을 것이다.」

–대산 종사 법문집 3 – 교법편

이어서 말씀하시기를

「불석신명 불공은 이 법을 위해서 신명을 아끼지 않는 것이다.

이차돈 성자나 예수님 같이 신명을 다 바친 희생만이

불석신명 불공이 아니라,

생사업(生死業)을 끊고 출가한 전무출신이나

거진출진의 활동이 바로 불석신명의 불공이다.

거진출진과 전무출신을 하면서

법을 위하여 이 몸을 던질까 말까 하면,

그것은 아니다.

어느 경우에는 가정도 잊고 신명을 깨끗이 던져야 한다.」

대산 종사 법문집 3 - 교법편

이어서 말씀하시기를

「금욕난행 불공은 욕심을 참고 어려운 수행을 하는 것이다.

영생사(永生事)의 해결은 여기에 있다.

장사하는 사람들은 한 푼 두 푼 모아 저축함으로써 큰 돈을 벌며 그 재미로 산다.

그러나 수도인들은 이 생과 다음 생은 물론 수없는 생을 통하여 재색명리(財色名利)의 욕심을 참고 또 금욕(禁慾)하면서 하기 어려운 일을 한번, 두 번, 거듭 행할 때에 힘이 쌓이고 쌓여 결국 불보살이 되는 재미로 산다.

물 한 방울 한 방울이 모여 결국 태산도 무너뜨리는 것이니

한 때 한 번의 금욕난행이라 하여 가볍게 생각하지 말라.

금욕난행에서 인격이 좌우된다.

별스런 인격을 갖추었다 하더라도 금욕 난행을 아니 하면 범부를 면하지 못하는 것이다.

다른 회상에서 항마위 되는 것 보다 이 회상에서 여래위 되기가 더 쉽다.

그러므로 금욕난행에 큰 공부가 있다.

이 회상이 아니면 어찌 몸을 던지고 금욕난행을 할 수 있겠느냐?

산 마음에 어찌 욕심이 없겠느냐? 부처님도 우리보다 몇 배 더 욕심이 많았으나 금욕난행을 쉬지 않고 계속하셨을 뿐이다.」

이어서 말씀하시기를

「희사만행 불공은 정신 · 육신 · 물질 삼방면으로

기쁘게 보시하는 것이다.

재가는 주로 물질로, 출가는 주로 몸으로,

아낌없이 기쁘게 바치는 것이다.

이 때에 어디에도 치우침이 없이 원만하게 행을 하여야

참다운 불공이 된다.」

–대산 종사 법문집 3–교법편

말씀하시기를「누구든지 이런 회상 만나지 않고 자기 혼자 마음이 우러나 삼대불공(三大佛供)을 할 수 있다고 자신하는 사람이 있겠느냐? 우리가 기위 이런 회상 만났으니 천지도 모르게, 세상 사람도 모르게, 신명도 모르게, 어느 구석에서든지 참고 조용히 수행을 하자, 다른 사람이 볼 때에는 바보처럼 보일지 모르나 한생을 또 한생을 삼대불공으로 수행정진하고 나면 어느 때인가는 반드시 전 세계에 큰 복과 큰 혜를 전해 줄 수 있는 위대함을 갖춘 사람이 될 것이다. 그러므로 우리는 진리를 믿고 부처님의 말씀을 믿으며 대종사님께서 전해 주신 그 뜻을 받들어 이 한몸 내던져 수행에 적공(積功)하자. 우리가 당장 머리를 들어 나타내려고 하지 말고 오직 숨어서 아무도 모르게 수행하고 불공하자 그러면 저절로 나타난다. 우리 회상의 역사가 비록 짧으나 국가적으로나 세계적으로 무서운 종교 단체이고, 무엇인가 꿈틀거리며 새싹이 솟는 단체라는 말을 종종 듣고 있다.

이것은 우연히 그러는 것 아니다. 그것은 대종사님께서 세 살때부터 품으신 철두철미한 큰 생각이 비롯이 되어서 오늘날의 이 회상이 되었기 때문이다. 그러니 여기 모인 우리들은 정성을 다하여 그 뜻을 받들어야 한다. 이 천지가 아무리 크고 발전이 되더라도 천지의 어느 곳에서든지 이 삼대 불공법을 실천하는 수행납자가 없으면 이 천지는 빈 껍질이 되고 만다. 그러면 회상도 껍질이요, 국가도 껍질이요, 세계도 껍질이다. 그러니 우리는 이 회상을 위하여 세상을 위하여 천지도 모르게, 사람도 모르게, 세상이 알아주지 않는다 하더라도 그것에 좌절되지 말고 한번 믿고 일생을 속아 보자 그러면 그 사람이 성자가 되어 결국 천지가 먼저 알고 신명(神明)이 먼저 알고 사람들이 먼저 알게 되어 그 때에 큰 힘이 부여된다. 어느 때든지 진리가 인증하여 기운을 밀어 줄 때가 있을 터이니, 마음에 사심이 나고 잡념이 나더라도 중단하거나 쓰러지지 말고 끊임없이 나가면 된다. 결과는 큰 힘이 얻어질 터이니 오롯이 쉬지만 말고 나아가라. 진리가 천하의 제일가는 보물과 위대한 힘을 줄때는 한꺼번에 그냥 주어 버리지는 않는다. 그러면 진리는 아니다. 그러니 마음 턱 놓고 한번 투자해 보라.」

–대산 종사 법문집 3–교법편

[원기 91년 신정법문]

모두 다 살려내자
(佛供으로)

지난해는 유난히도 많은 천재와 인재로 인하여 우리 모두가 큰 아픔을 겪었던 한해였습니다. 원기 91년(2006) 새해를 맞이하여 우리 모두가 겪은 이 아픔으로 모든 숙업(宿業)을 청산하고 국가와 세계와 교단의 앞길에 큰 희망이 깃들며 전 인류와 전 국민과 재가 출가 우리 모두에게 법신불 사은(四恩)의 가호와 은혜가 충만하시기를 기원합니다.

일찍이 대종사님께서는 「앞으로의 시대는 사람들의 지견이 크게 열리는 시대라 죄복(罪福)과 고락(苦樂)의 근본처(根本處)를 알게 되어 우주만유(宇宙萬有) 전체 가운데에서 복락을 구하게 된다」 하시며 처처불상(處處佛像) 사사불공(事事佛供)의 법을 크게 드러내시었습니다. 또한 「인연작복(因緣作福)과 부귀빈천(富貴貧賤) 되는 것이 다생겁래(多生劫來)를 내왕하면서 불공을 잘하고 못하는데 있다」하시며 「실지불공(實地佛供)」과 「진리불공(眞理佛供)」의 원리까지 밝혀 주셨습니다. 정산종사께서는 「자기불공(自己佛供)」 과 「상대불공(相對佛

供)」 법을, 대산종사께서는 「불석신명불공(不惜身命佛供)」 금욕난행불공(禁慾難行佛供) 희사만행불공(喜捨萬行佛供)」법을 밝혀주셨으니 이는 다 불공을 통해 자타간 우리 모두의 앞길을 열어주시고 살려주시고 밝혀주신 자비 지극하신 법문(法門)들입니다.

그러나 지금 이 세상은 생각이 단축하고 편협하여 눈앞의 작은 이익이나 자기 이익을 위해서는 온갖 거짓이나 부당함과 약육강식의 일도 서슴없이 행하다가 드디어는 파괴와 살상이 전개됩니다. 그리하여 입장이 다르다고 상대의 생존 자체까지 부정하려는 일들로 세상의 혼란은 끝이 없고, 이로 인해 겪는 각종 피해는 우리들의 마음을 크게 아프게 하고 있습니다.

그러므로 우리는 이 불공법으로 세상에 존재하는 모두를 다 살려내야 하겠습니다.

우리가 모두를 살려내려는 정신을 확립한다면 불공을 아니 할 수 없고, 불공하는 곳마다 은혜가 생산되어 모두가 다 살아나, 다시 또 서로 서로 은혜가 되어서 이 땅은 은혜가 충만한 세상이 될 것이나, 만일 이 불공의 정신이 퇴색하면 서로 서로 피해가 되어서 이 땅은 아비지옥(阿鼻地獄)의 세상이 될 수도 있습니다.

이에 우리는 이 불공의 정신을 크게 일깨워서 이 세상의 모든 존재들을 살려내야 합니다. 사람은 물론 물도 살리고, 땅도 살리고, 공기도 살리고, 금수초목(禽獸草木)도 살리고, 미물곤충(微物昆蟲) 미생물까지도 모두 살려내야 합니다. 개인도 살리고, 가정도 살리고, 국가도 살리고, 기업도 살려내야 합니다. 이 모두가 살아있다는 것만으로도 큰 은혜가 됩니다.

특히 사람은 도덕적으로까지 살려내야 합니다. 아무리 한 때 실수를 한 사람이라도 그 정신을 다시 살려내면 착한 우리들의 형제자매가 될 수 있습니다. 비록 부득이한 상벌이 있을지라도 이것은 다 다시 살려내기 위한 것이 그 본의입니다.

그리하여 우리 모두는 이 세상 그 무엇이라도 살려내려는 생각과 행동으로 바꾸어 당하는 곳 마다(處處佛像) 모두 다 불공(事事佛供)으로 살려서 바라는 낙원은 오게 할지언정, 괴로운 고해(苦海)가 오지 않도록 크게 분발하는 이 한 해가 되어지기를 축원해 마지 않습니다.

實地佛供　眞理佛供

自己佛供　相對佛供

不惜身命佛供

禁慾難行佛供

喜捨萬行佛供

원기 91년 좌산 종법사 신년법문

그대의 며느리가
부처님이시니

◉인 쇄| 2006년 8월 12일 ◉발 행| 2006년 8월 19일
◉펴낸곳| 원불교출판사 ◉펴낸이| 김영식
◉570-749 전북 익산시 신룡동 344-2 · (063) 850-3324
◉출판등록| 1967. 7. 1 제7호

◉값 5,000원
*잘못 만들어진 책은 바꾸어 드립니다.